有賀 薫の

ベジ食べる！

文藝春秋

野菜を食べると、
人はやさしくなれる。

野菜不足の食事が続くと、ちょっぴりうしろめたい気持ちになりませんか？「野菜は1日350ｇ以上とるのが理想です」なんて、根拠もよくは知らないのにどこかで聞いた話がふと頭をよぎります。

外食続きでつい肉や炭水化物中心の食事になってしまう。たくさん買って、食べきれずに余らせてしまう。野菜好きだけれどいつも同じ食べ方になってしまう。なんとかしたい……。この本は、そんなみなさんに向けた、**現代的な「野菜の食べ方の本」**です。

紹介するのは、私自身が家で作ってきた、ささやかな野菜料理です。**とにかく簡単**、誰の家でも使う**基本の野菜や調味料で作れて**、ああ、**野菜っていいなあ、おいしいなあとしみじみ感じられる**ような気軽で楽しい食べ方を、ぎゅっと90品、詰め込みました。

野菜料理のレパートリーが増えると**食卓に新しさと楽しさが出てきて、献立も決まりやすくなります。**たとえばコロッケを肉屋で買ってきて、ちょっとした野菜料理を1、2品組み合わせればそれだけで立派な献立です。料理というほどではない野菜の食べ方も載っていますが、だからこそ忙しい私たちの食卓にうまく組み込めて、無理なく続けられるのです。

大事なのは手をかけることではなく、**自分や家族が食を通じて健康的に、はつらつと暮らせること**。野菜たっぷりの食事は、体だけでなく心にもゆとりを与えてくれます。毎日野菜を食べていると、**ちゃんと体とともに生きている気がして、人はやさしくなれる**と思うのです。そのことを、ぜひ実感してみてください。

？こんな野菜の困りごと、ありませんか？

お悩み 1
野菜料理のレパートリーが少なくて…

お悩み 2
野菜メニューまで手が回らなくて…

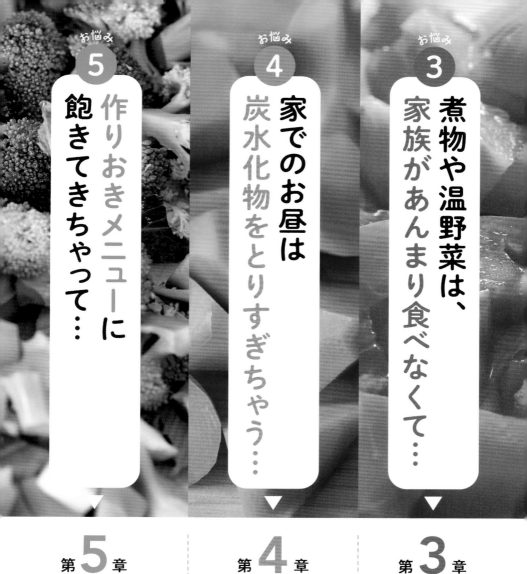

お悩み **5**

作りおきメニューに飽きてきちゃって…

お悩み **4**

家でのお昼は炭水化物をとりすぎちゃう…

お悩み **3**

煮物や温野菜は、家族があんまり食べなくて…

第**5**章

明日の「あと一品」になるキープおかず

▶P92~

第**4**章

ライトに食べたい野菜ごはん

▶P74~

第**3**章

野菜3品の煮るだけスープ

▶P60~

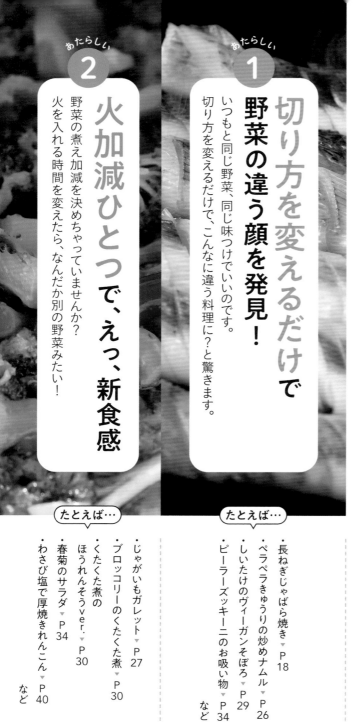

！ いつもの食卓が変わる、野菜のあたらしい食べ方

あたらしい 1 切り方を変えるだけで 野菜の違う顔を発見！

いつもと同じ野菜、同じ味つけでいいのです。切り方を変えるだけで、こんなに違う料理に？と驚きます。

あたらしい 2 火加減ひとつで、えっ、新食感

野菜の煮え加減を決めちゃっていませんか？
火を入れる時間を変えたら、なんだか別の野菜みたい！

ちょっとしたことで

野菜はもっとおいしくなる！

あたらしい 3 いつもの油や調味料を手放してみる

おいしくても、いつも同じではやっぱり飽きる。気分を変えてあたらしい味に出会うには冒険も必要！

あたらしい 4 たれや薬味でさらなる味チェン

時間や手間をかけないシンプルな調理でも野菜っておいしい。凝った料理より、たれや薬味で味をチェンジ。

CONTENTS

第1章／野菜ひとつを食べる一皿

第2章 / 野菜が主張するメインディッシュ

第3章 / 野菜3品の煮るだけスープ

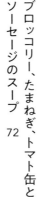

この本の使い方

◎材料は2人分を基本としていますが、野菜を余さず使い切りたいので、なるべくつくりやすい野菜の分量にしています。

◎計量の単位は、大さじ1は15㎖、小さじ1は5㎖です。

◎調理時間は目安です。火力や鍋の大きさによっても変わってきますので、様子を見ながら調整してください。

第 **1** 章

野菜ひとつを食べる一皿

野菜1種類と基本調味料で
ものすごく簡単に作れる、とりあえずの一皿。
買ってきたお総菜の日もこんな野菜料理を
プラスするだけでごはんの充実度が上がります。

コロコロごぼう

フライパンだけ

作り方

1 ごぼうは洗って泥を落とす。コロコロに切り、粉をまぶしつける。

2 フライパンに油をひき、1を転がしながら中弱火で焼いて、塩をふる。7〜8分から食べられ、20分ぐらい弱火でじっくり焼くとほくほくになる。

> 塩＋クミン、塩＋カレー粉、砂糖＋しょうゆもおいしいです。
> 多めに作らないと奪い合いになるので注意！

材料（2人分）

ごぼう…1本
かたくり粉または小麦粉
　　…大さじ1
サラダ油…少々
塩…適量

シャカシャカ

POINT 2
袋に入れてふると、ほら！粉がきれいにつくでしょ

POINT 1
ごぼうの太さぐらいの幅に切ってくださいね。太いごぼうは気持ち薄めで

14

あつ あつ

ほく
ほく！

にんじんのおいしさ、一目覚めます

しっとり蒸しにんじん

フライパンだけ

材料（2〜3人分）
にんじん…2本

作り方

1 にんじんを乱切りにする。皮はむいてもむかなくてもOK。

2 フライパンよりひと回り小さい円盤状にアルミホイルをクシャッとさせておき、その上ににんじんを並べ、水400mℓをホイルの周りに入れ中火にかける。ふたをして15分ほど蒸す（もちろん蒸し器やせいろがあれば最高）。

3 好みのたれの材料を混ぜる。

蒸しにんじんに合うたれ

● **ごま味噌だれ**
味噌 大さじ2＋砂糖 小さじ2＋ごま油 大さじ1＋酢・白ごま 少々

● **白味噌からしだれ**
白味噌 大さじ1＋みりん 大さじ1＋ねりからし 小さじ½

● **パセリ塩だれ**
パセリみじん切り 大さじ2＋塩 小さじ½＋オリーブオイル 大さじ2

● **タルタルソース**
ゆで卵 1個＋マヨネーズ 大さじ3＋酢 小さじ1＋こしょう 少々

POINT 1
乱切りなら、太いところも細いところも同じぐらいのサイズに切れるんです

POINT 2
アルミホイルで島を作って、フライパンがかんたん蒸し器に

長ねぎの**使い切り**にも便利

長ねぎ じゃばら焼き

材料（2人分）
太めの長ねぎ…2本
サラダ油…少々
酒…大さじ1
しょうゆ…大さじ1
山椒または七味唐辛子
　…適量

18

サクッ

POINT 1
上から半分ぐらいまで斜めの
切り込みを入れ、裏返して同じように
斜めの切り込みを入れる

POINT 2
包丁を入れて焼くと、
火も通りやすいんです

> ヘルシーなおうち居酒屋メニュー。
> かつおぶしをかけるのもおすすめ

作り方

1 長ねぎを10cmほどの長さに切ってから、じゃ
ばらに切り込みを入れる。

2 フライパンに油をひき、**1**を中弱火で両面焼く。
やわらかくなったら、酒としょうゆをからめて味
をつける。山椒か七味唐辛子をふる。

なすのシンプルお焼き

POINT 1
厚さは1cmぐらい。
タテではなく輪切りでもOKです！

POINT 2
衣はシャバシャバと
ぽってりの中間をめざして

フライ
パン
だけ

作り方

1 かたくり粉、小麦粉、塩をボウルで混ぜ、水を少しずつ加えてとろっとする程度にのばす。

2 なすはタテ4つに切って、たっぷり**1**の衣をつける。フライパンにごま油をひいて中火で熱し、なすを両面しっかり焼き上げる。

3 酢としょうゆ、ラー油を適量混ぜたたれで食べる。

材料（2人分）

なす…2本
ごま油…少々
衣
  かたくり粉…大さじ1
  小麦粉…大さじ2
  塩…ひとつまみ
  水…40〜50㎖

" 私は冷蔵庫に余った野菜で作っています。白菜、かぼちゃ、ズッキーニなんかも試してみて "

なす1本からでも作れるお助けメニュー

まろやかバターでトマトがとろける

バタートマト

オーブントースターで

作り方

1 トマトはヘタをとりヨコ半分に切る。種をスプーンですくう。

2 1を耐熱容器に並べて塩をふり、パン粉をかけて、オーブントースターで12〜13分、こんがり焦げ目がつくまで焼く。

3 バターをのせる。

材料(2人分)

トマト…2個
パン粉…大さじ2
バター…適量
塩…少々

POINT

トマトから汁が出るので受け皿にのせて。アルミホイルでもOK

レタスひと玉、食べ切っちゃう

びろーどレタス

 レンジで

作り方

1 レタスの葉をはがしてサッと洗ってしっかり水を切り、耐熱容器に入れる。

2 ふわっとラップをかぶせ、600Wのレンジに2分かけ、出た水を切る。

3 熱いうちにバターをからめ、しょうゆをかける。

材料（2人分）

レタス…1個
バター…適量
しょうゆ…適量

POINT
レンチンしたあと出た水を捨てると水っぽくなりません

にんにくのすりおろしをほんのちょっぴり加えるとパンチが出ます。入れすぎ注意！

香ばしさを食べる、
野菜のごちそう

POINT 1
ばらける葉はつまようじで
留めておくのがコツ

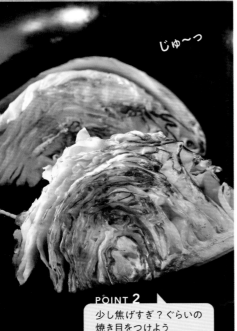

じゅ〜っ

POINT 2
少し焦げすぎ？ぐらいの
焼き目をつけよう

フライ
パン
だけ

じゅうじゅう
ロースト
キャベツ

材料（2人分）

キャベツ…小¼個（300g）
オリーブオイル…大さじ1
にんにくオイルソース
　にんにく…1片
　オリーブオイル…大さじ1
　塩…小さじ¼

作り方

1 キャベツは芯をとらずに半分のくし切りにし、薄く塩をふる。

2 フライパンにオリーブオイルを中火で熱し、1を並べて焦げ目がつくまで焼く。ひっくり返して水大さじ1〜2を加えたらふたをして、水がなくなるまで蒸し焼きにして皿にとり出す。

3 ソースを作る。フライパンに、みじん切りにしたにんにくとオリーブオイル、塩を入れて弱火であたためる。にんにくが色づいて香りが立ったら水大さじ1を加えてよく混ぜ、とろっとさせる。キャベツにかける。

> にんにくソースは塩を入れるタイミングで、ツナや刻んだアンチョビを加えるのもおしゃれ。アンチョビを入れるなら塩なしでOK

ペラペラきゅうりの炒めナムル

スライサー

作り方

1 きゅうりをなるべく薄く切り（スライサーを使うのがおすすめ）、水気をギュッと絞る。

2 フライパンにごま油をひいて強火にかけ、塩を加え、1を入れて炒める。

3 1分ほどで鮮やかな色になったら、味を見て塩少々でととのえ、白ごまをふる。水が出るので、塩はしっかりめにふるとよい。

材料（2人分）

きゅうり…2本
塩…小さじ⅓
ごま油…小さじ½
白ごま…少々

POINT
味がぼやけないよう、しっかり塩をきかせる

シャキッとするからおいしい！

じゃがいもガレット

フライ

作り方

1 じゃがいもは皮をむいて千切り。ボウルなどに入れ、小麦粉と混ぜる。

2 フライパンを中火にかけて油をひき、**1**を薄く広げて両面をカリッと焼く（8〜10分くらい）。

3 ソースや好みで青のりをかけて食べる。

材料（2人分）

じゃがいも…大1個
小麦粉…小さじ2
サラダ油…大さじ1
ソース…適量

> 塩やしょうゆでシンプルに、ケチャップ＆マスタードでポップに。私のお気に入りはナンプラー、砂糖、酢、唐辛子を混ぜたエスニックだれです

パリパリ食感がたまりません

大きく使って―
メインディッシュ♪

まいたけステーキ

包丁いらず

材料 (1人分)

まいたけ…大1パック　　　　めんつゆ (3倍濃縮)
オリーブオイル…大さじ1　　　…大さじ½
しょうゆ…小さじ1　　　　　わさび…少々

作り方

1 まいたけは、なるべく大きいまま、ざっくり手で分ける。

2 フライパンにオリーブオイルを熱し、まいたけの表を下にして入れる。アルミホイルをかぶせ、その上に鉄鍋などをのせて2分ほど中火で焼く。ひっくり返し、反対も2分ほど焼く。

3 しょうゆとめんつゆ、わさびを混ぜたものを加え、フライパンをゆすりながらまいたけにからめる。

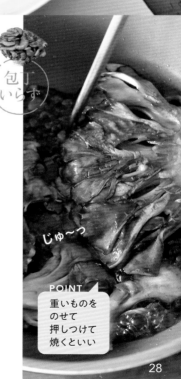

じゅ～っ

POINT
重いものを
のせて
押しつけて
焼くといい

ごはんにもパンにも合う
しっとりふりかけ

しいたけの
ヴィーガンそぼろ

フライパンだけ

材料（つくりやすい量）

しいたけ…大1パック（200〜250g）　　オリーブオイル…小さじ1
白すりごま…大さじ1　　　　　　　　しょうゆ…大さじ1弱

作り方

1 しいたけはいしづきをとって軸も傘も細かく刻む。

2 フライパンにオリーブオイルと**1**を入れ、しいたけが小さくなるまで中火で炒める。すりごまを加えて混ぜ、しょうゆで味をつける。

POINT
しいたけから出てくる
水分を飛ばすよう
気長に炒めましょう

" クリームチーズと合わせてパンにのせるとワインにぴったり！ "

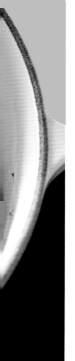

ブロッコリーの
くたくた煮

材料（2〜3人分）

鍋だけ

ブロッコリー…中1個（250g）
にんにく…1片
オリーブオイル…50㎖
塩…小さじ⅓
鷹の爪…1本

作り方

1 ブロッコリーは細かく刻み、茎も皮をむいて細かく切る。にんにくはみじん切り。

2 鍋に材料をすべて入れ、水100㎖を加えてしっかりふたをし、中火〜中弱火で煮込む。

3 途中でふたを開けて水が減っていたら足す。ブロッコリーがやわらかくなればできあがり。

POINT
ブロッコリーは
茎も細かく刻んで

くたくた煮のほうれんそうver.

材料（2人分）

鍋だけ

ほうれんそう…1束（200g）
にんにく…1片
オリーブオイル…50㎖
塩…小さじ⅓

おすすめの食べ方

まるごとゆでて皮をむいたじゃがいもを添え、フォークでつぶして混ぜながら食べてみてください

煮込むほどに
うまみが深まる

1 ほうれんそうは根までよく洗って、大きなものは半分に切る。にんにくは薄切り。

2 鍋に材料をすべて入れ、しっかりふたをして中火〜中弱火で煮る。

3 ときどき鍋のふたを開けて焦げつきそうなら水を大さじ1〜2加えつつ、ほうれんそうがくったりするまで煮込む。

お好く…ごはんが進む
パワーおかず！

もやたまぽってり炒め

包丁
いらず

作り方

1 もやしは洗って水を切る。卵は溶いておく。

2 フライパンにごま油をひいて強火で熱し、もやしを加える。広げたら最初は動かさずに火を入れる。1分ちょっとしたら大きく混ぜて炒め、鶏ガラスープの素と塩を加える。

3 水200㎖を加えて煮立たせ、かたくり粉を倍量の水で溶いたものを混ぜながら加えてぽってりしたとろみをつける。ここに卵を少しずつ場所をずらして加えて、ふんわり火が通ったら火を止める。こしょうをふる。

材料（2人分）

もやし…1袋
卵…2個
ごま油…大さじ1
鶏ガラスープの素…小さじ1
塩…小さじ¼
かたくり粉…小さじ2
こしょう…少々

> これ、ラーメンやうどんにかけても。汁なしの麺に直接かけるなら味を濃いめに

POINT
青じそもにらと一緒に切って
スタンバイさせておく

にらしそ炒め

フライパンだけ

作り方

1 にらはざく切りにする。青じそは千切りまたは手でちぎる。

2 フライパンに油をひいて中火で十分に熱し、にらを入れる。全体に広げ、30秒ほど待つ。塩をふって混ぜ、さらに青じそを加えてさっと和えるように混ぜる。

材料（2人分）

にら…1束
青じそ…5〜6枚
サラダ油…小さじ2
塩…少々

" 肉を炒めたところにニラと青じそを入れればボリュームアップ "

意外な組み合わせに
箸が止まらない

春菊のサラダ

フライパンと小鍋

材料（2人分）

春菊…½束（100g）　　　ごま油…大さじ1
ベーコン…2枚　　　　　白ごま…少々
ポン酢…大さじ1½

作り方

1 春菊は洗って水気をよく切り、葉だけをむしって器に盛りつける。

2 フライパンを熱し、1cm幅に切ったベーコンを中弱火でカリカリに焼く。キッチンペーパーに置いて油を切り、春菊にのせる。

3 ポン酢を2にまわしかけ、小鍋で熱したごま油を食べる直前にかける。白ごまもふる。混ぜ合わせて食べる。

> トッピングでかなり雰囲気が変化します。市販のフライドオニオンや揚げ玉、あるいは生ハムやサラダチキンも春菊との相性ばっちりです

ピーラーズッキーニのお吸い物

包丁いらず

材料（2人分）

ズッキーニ…小1本　　酒…少々　　　　しょうゆ…少々
だし…400㎖　　　　　塩…ふたつまみ

作り方

1 鍋にだしを入れ中火にかけて沸騰させ、酒、塩、しょうゆで味つけする（または白だし50㎖に水400〜450㎖を加えて吸い物を作る）。

2 ズッキーニはヘタを落しピーラーでタテに薄く切る。これを1に入れて2分ほど煮る。

3 味を見て、塩少々で調節する。

> お客様に出してもいいぐらいのおしゃれなお椀。刻んだ青じそをふんわりのせるととても涼しげです

POINT
ピーラーで切るときはときどき上下を反対にすると、ムラなく切れてムダも出にくいです

包丁いらずでごちそう感アップ

わが家の冷蔵庫のスタイルです

ポン酢で煮たら**色あざやか**

 ## ミニトマトの
しょうがマリネ

材料（つくりやすい量）

ミニトマト…1パック（200〜250g）
おろししょうが…小さじ1
オリーブオイル…大さじ1
砂糖…小さじ1
酢…小さじ2
塩…ふたつまみ

作り方

1 ミニトマトはヘタをとって半割りにする。

2 鍋に**1**を入れ、オリーブオイルを加えて
混ぜ、オイルをまぶしつける。

3 砂糖、酢、塩、おろししょうがを加え、
3分ほど中火で煮る。器に移して冷やす。

 ## なすの
ポン酢煮マリネ

材料（つくりやすい量）

なす…3本
ポン酢…大さじ2
オリーブオイル…大さじ1

作り方

1 なすは食べやすい大きさに切る。

2 鍋に**1**を入れ、オリーブオイルを加え
て軽く混ぜ、オイルをまぶしつける。

3 ポン酢と水を各大さじ2加え、鍋にふ
たをして、4〜5分ほど中火〜中弱火
で蒸し煮する（途中で1回なすを返す）。
煮えたら器に移して冷やす。好みで青
じそを添えても。

かぶりつくと **ジュワーッと溢れる**

中華の日の副菜はコレ！

たたききゅうりの中華漬け

材料（つくりやすい量）

きゅうり…3本	酢…小さじ2
にんにく…1片	しょうゆ…小さじ2
ごま油…小さじ2	鷹の爪…1本
砂糖…小さじ2	

作り方

1 きゅうりはまな板にのせ、硬めのヘラやしゃもじをのせ、手のひらで押すようにつぶす。つぶしたきゅうりを食べやすい大きさに切る。にんにくは薄切りに。

2 フライパンにごま油をひいて中火で熱し、きゅうりとにんにくをサッと炒める。調味料と鷹の爪を加え、砂糖が溶けたら火を止める。2〜3時間冷やして味をなじませる。

まる焼きピーマンのしょうゆマリネ

材料（つくりやすい量）

ピーマン…中5〜6個
砂糖…小さじ½
酢…小さじ1
しょうゆ…小さじ1

作り方

1 ピーマンはフォークで穴を開けて耐熱容器に並べ、オーブントースターで10〜13分、焦げ目がつくまで焼く。

2 調味料を混ぜ、1が熱いうちにかける。そのまま3時間ほど冷やす。

ツンとくる、大人のおひたし

焼き目が甘うま～い!

 ## ブロッコリーの
辛子おひたし

材料（つくりやすい量）

ブロッコリー…½個　　ねり辛子
しょうゆ…大さじ1　　　…小さじ⅓
みりん…大さじ1　　かつおぶし…少々

作り方

1 ブロッコリーは房に分け、大きな房は半分に切る。茎も皮をむいて薄く切る。熱湯で3〜4分、好みの硬さにゆで、ザルに上げて冷ます。水には浸けない。

2 調味料をすべて混ぜ、1にかける。食べる前にかつおぶしをかける。

 ## たまねぎ
焼きびたし

材料（つくりやすい量）

たまねぎ…2個　　　みりん…大さじ1
サラダ油…少量　　かつおぶし
だし…200mℓ　　　…ひとつかみ
しょうゆ…大さじ1　黒こしょう…少々

作り方

1 たまねぎは8〜12等分のくし切りにする。だし、しょうゆ、みりんを混ぜて漬け汁を作る。

2 フライパンに油をひいて、たまねぎを両面焼く。

3 漬け汁を加えてひと煮立ちさせ、火を止めてかつおぶしを加える。黒こしょうをふって冷ます。

大量のキャベツを**ペロリ**

しょうが風味が**あとをひく**

千切りキャベツの
オイルおひたし

材料（つくりやすい量）

キャベツ*…⅛個（150g）
サラダ油…小さじ2
かつおぶし…適量
しょうゆ…適量

＊千切りのカットキャベツでもOK

作り方

1 キャベツは千切りにして耐熱容器に入れてラップをふわっとかけ、600Wのレンジに3分かける。水をしっかり切って油を加えて全体がコーティングされるようによく混ぜる。

2 皿に盛って、かつおぶしをかけて軽く和えてから、しょうゆをかける。順番が大事！

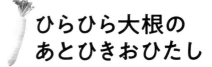

ひらひら大根の
あとひきおひたし

材料（つくりやすい量）

大根*1…10cm（約250g）
おろししょうが…小さじ½
だし…100㎖
しょうゆ*2…大さじ1
みりん…大さじ1

＊1 大根は太めの部分を使用
＊2 薄口しょうゆだとさらによし！

作り方

1 大根はピーラーで半分ほど薄切りにする。耐熱容器に入れてラップをふわっとかけ、600Wのレンジに2分かける。

2 だしとしょうゆとみりん、おろししょうがを混ぜ、1にかけて混ぜる。好みでおろししょうがを追加する。

八百屋さんに教わった
じわじわ焼き

わさび塩で厚焼きれんこん

作り方

れんこんを皮つきのまま2cmほどの厚さに切る。熱したフライパンに油をひき、両面20分ほど弱火でじっくり焼く。塩をふり、わさびを添える。

" ピリッとした辛みが合います。からしじょうゆもおすすめです "

材料(2人分)

れんこん…150g
好みの油(サラダ油、
ごま油、オリーブオイルなど)
…適量
塩、わさび…適量

梅ソースでさっぱり！

黄身の濃厚さと相性抜群

かぶの梅ソース

材料（2人分）

かぶ…2個　　　　　　梅干し…大1個
好みの油…適量　　　　酒…大さじ2

作り方

1 かぶの茎を切り落とし、皮つきのまま6つ割りにする（小型のかぶなら4つ割り）。

2 フライパンに油をひいて、1をやわらかくなるまで10分ほど、転がしながら中弱火で焼く。

3 酒を耐熱容器に入れてラップをせずに600Wのレンジで1分加熱して煮切り、たたいた梅干しをよく混ぜ、焼いたかぶにかける。

> この煮切り酒と梅のソースは
> ほかにもさまざまな料理に使えます

長芋の
お月見じょうゆ

材料（2人分）

長芋…10〜15cm　　　卵黄…卵1個分
好みの油…適量　　　　しょうゆ…少々

作り方

1 長芋を長いままフォークで刺して直火にかざし、ひげを焼き切る。半分の長さに切ってから、タテに半割り、または4つ割りにする。

2 フライパンに油を熱し、1を入れて10〜15分中弱火でじっくり焼く。卵黄としょうゆを合わせたお月見じょうゆに長芋をつけながら食べる。好みで刻みのりをのせても。

第2章

野菜が主張するメインディッシュ

すきやきもビーフシチューも餃子も、
主役を野菜にするとこんなに魅力的。
ボリュームがあるのにとってもヘルシーな
「新定番」が生まれました。

トマトと
春菊の
鶏すきやき

鍋
だけ

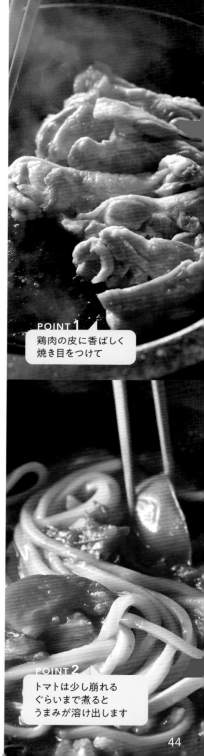

POINT 1

鶏肉の皮に香ばしく
焼き目をつけて

POINT 2

トマトは少し崩れる
ぐらいまで煮ると
うまみが溶け出します

44

作り方

1 鍋に油を熱し、2cm幅に切った鶏もも肉を皮を下にして並べて中火で焼き目をつけてから、くし切りにしたトマトを加える。

2 砂糖、しょうゆ、酒を大さじ1：2：2の割合で混ぜて回しかけ、肉に火が通るまで煮る。

3 ざく切りの春菊はサッと煮で！　水分が減ったら水を足し、しょうゆ、砂糖、酒も適宜足す。

材料（2人分）

トマト…3個　　　　サラダ油…大さじ1
春菊…1束　　　　　砂糖…大さじ1
鶏もも肉　　　　　　酒…大さじ2
　…1枚（350g）　　しょうゆ…大さじ2

〆はすきやきうどん！　トマトを少し残すか足して煮てから、うどんを加えてあたため、溶き卵を回しかけます

やみつきになる、あまからトマト味

POINT 2
こま切れでOK。脂身のついた肉が向いています

トン トン

POINT 1
にんじんは重なったまま鍋に入れると仕上がりがきれい

にんじんの重ね煮シチュー

鍋だけ

作り方

1 牛肉に塩とこしょうを少々ふり、小麦粉をしっかりまぶしつける。

2 にんじんは5mm厚さに切り、たまねぎは薄切り、にんにくはすりおろして、次々鍋に重ねて入れていく。その上に**1**を広げてのせる。塩とみりんをふり、水300mlとトマトジュースを加える。

3 中火にかけ、沸騰したらアクをとり、ふたをかけ、弱火にして20分煮込む。途中でふたを開けて、焦げつきそうなときは水を足す。にんじんがやわらかくなったらしょうゆを加えて全体を混ぜる。好みで刻んだ青ねぎやパセリをふる。

材料（2〜3人分）

牛肉（こま切れ）…300g
にんじん…大1本
たまねぎ…大1個
にんにく…1片
トマトジュース（無塩）…200ml
小麦粉…大さじ1
塩…小さじ²⁄₃
みりん…大さじ1
しょうゆ…大さじ1

> たまねぎの上に、しめじやマッシュルームなどのきのこ類、じゃがいもの薄切りを重ねてもいい！

平日でも作れる
簡単ビーフシチュー

にんにく、にらを入れないから、

和洋中の食べ方ができる!

48

キャベツだけ餃子

フライパンだけ

材料（餃子20個分）

豚ひき肉…200g　　　　こしょう…少々
キャベツ…⅙個(200g)　餃子の皮…20枚
塩…適量　　　　　　　　サラダ油…適量

作り方

1 キャベツは細かく刻み、塩を薄くふって15分ほどおいて水を出し、ギュッと絞る。

2 ボウルにひき肉と塩小さじ½を入れ粘りが出るまで混ぜる。ここに1、油大さじ½、水大さじ2、こしょうを加え混ぜる。餃子の皮で包む。

3 油をひいて熱したフライパンに餃子を並べ、底に少し焼き目がついたら水100mℓを加えてふたをし、強火で蒸し焼きにする。ふたを開けて中火に落としてさらに水分を飛ばし、カリッと焼きあげる。

POINT
肉と塩を最初にしっかり練ってしまうのがコツ。お肉はよく冷やしておきます！

キャベツ餃子に合うたれ

● **餃子の定番**
しょうゆ＋酢＋ラー油
＊おろしにんにくやおろししょうがを加えても

● **子供もだいすき**
ケチャップ＋粉チーズ

● **お好み焼き味！**
ソース＋青のり＋かつおぶし

トマトだんご

作り方

1 トマトはヘタをとり、1～2cmの角切りにする。にんにくはつぶす。

2 ボウルにひき肉と塩を入れてよく練り、そこにパン粉とトマト半量を混ぜて6つに分けて丸める。

3 残りのトマト、にんにく、トマトジュース、ケチャップ、オリーブオイル、塩ふたつまみを鍋に入れ、肉団子を並べ、中火にかける。

4 沸騰したら弱火にし、アルミホイルなどを落としぶたにして20分ほど煮込む。味を見て塩で調節する。パセリのみじん切りをたっぷり加えてから火を止める。

材料（2人分）

合いびき肉…300ｇ
パン粉…大さじ2
トマト…大1個
トマトジュース（無塩）…200㎖
トマトケチャップ…大さじ2
にんにく…1片
オリーブオイル…大さじ1
塩…小さじ½
パセリのみじん切り*…大さじ3

*青ねぎやピーマンのみじん切りでも

> きれいなお団子にせず、ラフな感じがいいのです

POINT
肉団子はざっくり丸めて。トマトを少し押し込んでおくとはずれにくいです

トマトを混ぜて、
やわらかジューシー

なすと豚肉の
チュルチュル

鍋
だけ

作り方

1 なすはタテヨコ半分ずつ4つに、豚肉も食べやすい大きさに切る。かたくり粉大さじ1ずつをそれぞれにしっかりまぶしつける。

2 調味料とおろししょうがを混ぜて、漬けだれを作る。

3 鍋に湯をわかし、なすを3～4分ゆで、網じゃくしなどでとり出す。同じ鍋の湯で肉をゆでて湯を切る。なすと肉を熱いうちに保存容器に移し、漬けだれをかける。冷ましてから冷蔵庫で3時間ほど漬ける。

材料（2～3人分）

なす…3本
豚薄切り肉＊…150g
かたくり粉…大さじ2
漬けだれ
　砂糖…大さじ1
　酢…大さじ2
　しょうゆ…大さじ3
　おろししょうが
　　…小さじ1
＊好みの部位でOK

> チュルッとした食感が楽しい！ 薄切り肉ならバラ、もも、肩ロース、なんでもいけます

POINT
なすと粉は袋に入れてシャカシャカふるとうまくつく！

52

ヘルシーで
お昼にぴったり

キャベツのとんぺい焼き

フライパンだけ

くるっと

POINT
卵はフライパンの上で無理に巻こうとせず、フライパンの縁を皿につけて、巻き込むように移してみて！

作り方

1 キャベツは千切りにする。豚バラ肉も食べやすい大きさに切る。卵をボウルに割り入れて塩ひとつまみを加えて溶いておく。

2 フライパンに油を熱し、肉を入れて中火で焼く。肉の色が変わったらキャベツを加えて火が通るまで炒める。塩少々で薄く味をつけ、皿に取り出す。

3 再度フライパンを中火にかけ、油をしっかり熱してから卵を流し入れる。箸で大きく混ぜて全体に広げ、**2**を卵の上に広げる。卵のふちを箸ではがして巻き込み、皿の上にひっくり返して形をととのえる。ソースをかけて食べる。

材料（1人分）

キャベツ
　…約⅛個（150g）
豚バラ薄切り肉
　…60g
卵…2個
塩…適量
サラダ油…適量
ソース…適量

" 粉を使わないのでお好み焼きより気楽です。マヨネーズ、青のり、紅しょうがなども相性ばつぐん "

混ぜて焼くだけ。缶詰コーンの新しい食べ方

もろこしグラタン

包丁いらず

作り方

1 耐熱皿にコーンクリーム缶、ホール缶を入れ、小麦粉を加えてむらなく混ぜる。牛乳、塩、砂糖を加えてさらに混ぜる。

2 チーズをのせ、オーブントースターで15分焼く。

材料（2人分）

コーン缶（クリーム）…1缶（200g）
コーン缶（ホール）または
　　冷凍コーン…1缶（200g）
牛乳…大さじ4
小麦粉…大さじ1
塩…ふたつまみ
砂糖…小さじ½
溶けるチーズ…好みの量

" 薄切りのパンにのせてもおいしい。ピリッと辛いチリパウダーやパプリカをふるとアクセントに "

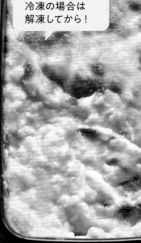

POINT
ホールコーンの水気はよく切って。冷凍の場合は解凍してから！

POINT
鍋でじゃがいもを
やわらかく
煮てしまうのがコツ

じゃがいもの
牛乳グラタン

鍋＋
オーブン
トースター

作り方

1 じゃがいもは皮をむいて3mm厚さに切る。水にはさらさず、鍋にそのまま入れる。ここにつぶしたにんにくも入れる。

2 牛乳と塩を加え、アルミホイルを牛乳の表面にかけて、中弱火でじゃがいもがやわらかくなるまで煮る。吹きこぼれないように注意！

3 2を耐熱容器に入れ、こしょうをふって、チーズをのせてオーブントースターで焦げ目がつくまで7〜8分焼く。

材料（2人分）

じゃがいも
　…中3〜4個（400g）
にんにく…1片
牛乳…250ml
塩…小さじ⅓
こしょう…少々
溶けるチーズ
　…好みの量

"
ナツメグがある人
はひとふりすると
おしゃれな味に
"

家にあるもので作れる幸せ味

かける
レモン
きのこ

フライパンだけ

材料（2人分）

好みのきのこ…200ｇ
（写真はマッシュルーム）
レモン…½個
塩…小さじ⅓

こしょう…少々
オリーブオイル
　…大さじ3
水…大さじ2

作り方

1 きのこは食べやすく切る。レモンは絞る。

2 フライパンにオリーブオイルを熱してきのこを入れ、中火で炒めていく。しんなりしたら塩を加えてさらに炒める。

3 水を加えてよく混ぜ、とろみをつける。火を止めてレモンの汁を入れ、こしょうをふる。

> しめじ、まいたけ、しいたけ、エリンギなど好みのきのこで。ミックスでもおいしい！焼いた魚の切り身や炒めた薄切り肉にかけたり、サラダやパスタにも使えます

POINT
ソテーした
鶏もも肉にかけて

● 史上最も愛された文豪／社長のすべて

門井慶喜

文豪、社長になる

ベストセラー作家にして、文藝春秋の創業者・菊池寛。59年の波乱万丈の人生を全力で面白がることで生き切った男の感動の物語

◆3月10日
四六判
上製カバー装

1980円
391667-5

● 柴田錬三郎賞＆中央公論文芸賞受賞の著者、最新刊！

青山文平

本売る日々

本屋の私が行商に出向いたのは、孫ほどの私を後添えに迎えた名主宅。披露した画譜が無くなり、彼女が盗んだとしか思えないのだが……

◆3月6日
四六判
仮フランス装

1870円
391668-2

● 魂は身体の細部にこそ宿る── 極上の随筆16篇

\──\隼之

からだの美

羽生善治の震える中指、髙橋大輔の首の美しさ、ゴリラの背中、赤ん坊の握りこぶし──身体が眩く光る瞬間を切り取る、静謐な眼差し

◆3月7日
四六判
上製カバー装

1760円
391669-9

髙橋藍 カラフルデイズ

髙橋 藍

日本代表の中心選手で世界中にファンがいる髙橋藍の、キュンキュンするフォトエッセイ。東京、京都、イタリアで彼の1年に密着

◆3月29日
B5判変型
並製カバー装

1980円
391677-4

アンビシャス

北海道にボールパークを創った男たち

● ボールパークを創りたい、その夢を北海道で実現した男たちの物語

鈴木忠平

ファイターズ本拠地移転。13年前今までとは別の土地にボールパークを創る構想が生まれた。それを形にする為に戦った男たちがいた

◆3月29日
四六判
上製カバー装

1980円
391678-1

会話の科学

あなたはなぜ「え?」と言ってしまうのか

● 会話の「普遍のルール」から人間の本性が見える

ニック・エンフィールド　夏目 大訳

つい口にする「はあ?」「えーと」に重大な意味があった! これまで言語学が見逃してきた日常会話から言葉の秘密に迫る革命的研究

◆3月27日
四六判
上製カバー装

予価2640円
391679-8

灰色の階段

ラストライン0（ゼロ）

堂場瞬一

いぶし銀のベテラン刑事・岩倉剛ができるまで

836円
792007-4

わかれ縁

えにし

狸穴屋お始末日記

まみあなや

西條奈加

シリーズ化も決定！西條奈加の〈ど真ん中〉傑作人情時代小説

726円
792008-1

妖異幻怪

陰陽師・安倍晴明トリビュート

天才陰陽師・安倍晴明の世界へようこそ

792円
792009-8

将棋指しの腹のうち

先崎 学

牛、馬、猪、鹿……「肉」と人の関りを描く前代未聞の書

勝負メシより勝負酒？

693円
792014-2

肉とすっぽん

日本ソウルミート紀行

平松洋子

836円
792015-9

金子みすゞと詩の王国

「人間・金子みすゞ」の真の姿に迫る

880円
792017-3

肉や魚にかければ
たちどころにごちそう！

素揚げでもっちり食感

オクラは揚げるのが正解！

夏天ぷら3種

フライパンだけ

揚げもろこし

[作り方]

とうもろこしはヨコ4等分に切ってから、タテ半分に切る。実を下にして、フライパンに並べ、水分を軽く飛ばす。そこに油を2cmほど注いで160〜170度に熱し、3分ほど揚げ、塩をふる。

材料（つくりやすい量）

とうもろこし…1本
塩…少々
揚げ油…適量

58

夏の揚げ物は野菜で
ライトにいきましょう

ゴーヤフリット

材料（つくりやすい量）

ゴーヤ…1本　　　塩…ひとつまみ
小麦粉…大さじ4　ビール（または炭酸水）
かたくり粉　　　　…80mℓ
　…大さじ2　　　揚げ油…適量

作り方

ゴーヤは種ごと、6〜8mm厚さに切る。
小麦粉とかたくり粉、ビール（または炭
酸水）、塩を混ぜ、ゴーヤをくぐらせる。
フライパンなどに油を1cmほど入れて
170〜180度に熱し、揚げ焼きする。

" カレー塩で食べてもおいしい！　粉は小
麦粉だけでもOK "

ほろにが味で
ハイボールにぴったり

オクラフリット

作り方

オクラにフォークなどで穴を開ける。小
麦粉とかたくり粉、ビール（または炭酸
水）、塩を混ぜ、オクラをくぐらせる。ゴー
ヤフリットと同様に、揚げ焼きする。

" まるごと揚げるときは破裂防止の穴を開けておきましょう。
切って揚げるのもおすすめ！ "

材料（つくりやすい量）

オクラ…1袋　　　塩…ひとつまみ
小麦粉…大さじ4　ビール（または炭酸水）
かたくり粉　　　　…80mℓ
　…大さじ2　　　揚げ油…適量

第3章

野菜3品の煮るだけスープ

切った野菜をお鍋にポンポン入れて
水を加えて煮込むだけ。
肉や魚も入ってバランスよく栄養がとれ、
パンやごはんを添えるだけで大満足です。

POINT
れんこんは薄めに
切るとスープがよく
なじみます

ごはん
に合う

れんこん、長ねぎ、
しめじと鶏肉のスープ

[作り方]

材料**A**を鍋に入れて中火にかけ、沸騰
したらアクをとって弱火に切り替え、25
〜30分ほど煮る。煮えたら味噌を加え、
仕上げにすりごまをふる。

> 味噌だけだと味が少しぼやけるけれど、
> みりんを加えたらバッチリ。ほんのりした
> 甘さが味噌とよく合います

[材料（2〜3人分）]

A	れんこん（5mm幅の輪切り）…100g
	長ねぎ（3cmのぶつ切り）…1本
	しめじ（手でほぐす）…½パック（70〜80g）
	鶏手羽元（または鶏もも肉ぶつ切りでも）…5本（350g）
	みりん…大さじ1
	水…1200㎖

味噌…大さじ3〜4*¹
すりごま*²…大さじ1

*1 味噌の塩分による　*2 黒、白、どちらでも

食物繊維たっぷりの味噌仕立て

ピリ辛でおかずになるスープ

POINT
牛肉は少し脂身の
ついたものをチョイス！

ごはん
に合う

大根、小松菜、
キムチと牛肉のスープ

作り方

材料Aを鍋に入れて中火にかけ、煮
立ったらアクをすくい、弱火にして15
〜20分ほど煮る。大根がやわらかく
なったら、キムチを加えて味を見て塩
で調節し、仕上げにごま油をかける。

" 煮干しがないときは、普通のだしパッ
クでOK。韓国のスープの素「ダシダ」も
おすすめ！ "

材料（2〜3人分）

A	牛薄切り肉（食べやすい長さに切る）…150g
	大根（皮をむいて5mm幅のいちょう切り）…8cm（350〜400g）
	小松菜（根をとってざく切り）…½束（80g前後）
	煮干し…5〜6尾
	塩…小さじ⅓〜½*
	水…1200mℓ

キムチ…100g
ごま油…少々
＊キムチの塩分による

POINT
オクラはくたくたに
煮てもおいしいし、
途中から入れれば
色鮮かに
仕上がります

ごはんにも
パンにも

とうもろこし、にんじん、オクラと豚バラ肉のスープ

[作り方]

材料Aを鍋に入れて中火にかけ、沸騰
したらアクをすくって弱火で15〜20
分煮込む。味を見て塩でととのえる。
たれの材料を混ぜ、小皿で添える。

"
肉をスペアリブに替えてもおいしい！
煮込み時間は少し長めに
"

[材料（2〜3人分）]

とうもろこし（3〜4cm幅の輪切り）…1本
にんじん（乱切り）…1本
オクラ…5〜6本
A 豚バラ薄切り肉（食べやすい長さに切る）
　　…200g
塩…小さじ½
水…1200㎖

たれ

砂糖、しょうゆ…各小さじ1
ラー油…少々

とうもろこしの甘さ

大回が入って満足感アップ

POINT
キャベツの芯を
入れる場合は
薄く切って入れて

ごはんにも
パンにも

キャベツ、大豆、
ミニトマトと
ベーコンのスープ

［作り方］

材料すべてを鍋に入れて中火にかけ、
沸騰したらアクをすくって弱火で15〜
20分煮込む。味を見て塩でととのえる。

" キャベツは大きなくし切りにするとポトフ
みたいになります "

［材料（2〜3人分）］

キャベツ（葉をはがして大きく手でさく）…¼個

ミニトマト（ヘタをとる）…10個

大豆水煮缶（水気を切る）…1缶（80〜100g）

ベーコン…3〜4枚（100g）

コンソメキューブ…½個

塩…小さじ½

水…1200㎖

POINT
豆乳は分離
しやすいので
仕上げに入れて！

ごはん に合う

白菜、豆苗、しょうがとたらのスープ

作り方

材料Aを鍋に入れて中火にかけ、沸騰した
ら弱火に切り替え10分ほど煮込む。白菜が
煮えたら豆乳を加え、味を見て塩でととのえ
る。仕上げにごま油またはラー油をかける。

> 生のたらで作ることもできます。塩をふって
> 15分おき、出た水をふきとって使います

材料 (2〜3人分)

　白菜 (ざく切り)…¼個弱 (350g)
　豆苗 (根を切り落とす)…1パック
　しょうが (千切り)…20g
A　たら (甘塩)…2切れ*
　塩…小さじ⅔
　鶏ガラスープの素…小さじ1
　水…800㎖
豆乳 (無調整)…200㎖
ごま油またはラー油…少々

＊ 塩をふって5分おき、水で洗って水気をよく
　ふきとり、3つに切る

70

ぽかぽか あたたまる滋養スープ

オイルを多めに入れるのがコツ

POINT
トマト缶はホールを
つぶして入れてもOK

ごはん・
パン・
パスタに

ブロッコリー、たまねぎ、トマト缶とソーセージのスープ

[作り方]

ソーセージ以外の材料すべてを鍋に入れて中火に
かけ、煮立ったら火を弱めて40分ほど、ブロッコ
リーがくたくたになるまで煮る。30分ぐらいでソ
ーセージを加える。味を見て、塩でととのえる。

> 鶏肉やひき肉を加えるとさらにボリュームのあるシチ
> ューになって、これだけでメインに。汎用性の高いス
> ープなのでたっぷり作っておきたい

[材料（2〜3人分）]

ブロッコリー（茎も細かく刻む）…1個
トマト缶（カット缶が便利）…1缶（400g）
たまねぎ（1cm角に刻む）…½個
ソーセージ…6本
塩…小さじ½
オリーブオイル…60ml
水…500ml

第4章

ライトに食べたい
野菜ごはん

野菜をたっぷり使った麺、パン、ごはんメニュー。
あまり動いていない日のランチや夜遅くの食事でも、
野菜のおかげで罪悪感は少なめです。

とろみスープで1束ペロリ

材料（2人分）

小松菜…1束（150g前後）
にんにく…1片
ごま油…大さじ1
塩…小さじ⅔
かたくり粉…大さじ1
焼きそば…2玉
サラダ油…大さじ2

作り方

1 焼きそばの麺をほぐし、大さじ1の油をひいたフライパンに入れ、動かさないようにして中火で3〜4分こんがり焼く。焦げ目がついたら、裏返して油をさらに大さじ1ほど足して焼く。焼けたら皿にとり分けておく。

2 小松菜は根を落としてざく切りにする。にんにくを薄切りにしてフライパンに入れ、ごま油を加えて弱火にかけ、香りを立てる。小松菜、塩、水100㎖を加えてしっかりふたをして2〜3分強火にかける。ふたを開けて混ぜ、水200㎖を追加して沸騰させる。

3 かたくり粉を倍量の水で溶いて混ぜながら回し入れ、とろみをつける。1の焼きそばにかける。好みで唐辛子の輪切りを加えても。

> 野菜不足のときに食べたくなる、あっさり焼きそば。菜の花でもおいしいです

POINT 1
麺はパリッとするまで焼いて！

POINT 2
スープは多め。
かたくり粉のとろみで
麺と野菜をつなぐ

フライパンだけ

小松菜だけの
あんかけ焼きそば

どっさり
にら麺

鍋
だけ

材料（2人分）

にら…1束
豚ひき肉…100g
インスタントラーメン（好みの味のものでOK）…2袋
水…（ラーメンの表示分＋30㎖ほど）×2

作り方

1 にらは幅と同じぐらいの長さに細かく刻む。

2 鍋にひき肉を入れ、水を少しずつ入れて混ぜる。中火で沸騰させ、アクをすくう。ここに麺を入れて表示時間通りゆでる。

3 麺がゆであがったら付属のラーメンスープを加え、まず麺だけ丼に移す。ラーメンスープに**1**を加えてざっと混ぜる。にらごとスープを麺にかける。

> ひき肉のだしでインスタントに一味プラス。ひき肉は鶏、豚、合いびき肉、どんな肉でもおいしいですよ

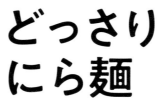

78

POINT
先に麺をどんぶりに
移してしまうと作業が楽です

熟れすぎ**トマト**もおいしく消費

POINT 2
焼けたところが
スープに溶けだすよう、
トマトを軽く焼く

POINT 1
トマトが大きい場合は
8等分に切っても

トマトうどん

鍋
だけ

作り方

1 トマトはヘタをとり、6等分のくし切りにする。

2 鍋を中火にかけてごま油を熱し、トマトを入れてあまり動かさないようにして両面1分ずつ、焼きつける。

3 めんつゆと水を加えてあたため、煮立ったら味見して、めんつゆで味をととのえる。冷凍うどんを表示時間通りレンジであたため、丼に盛りつける。トマトごとつゆをかける。こしょうをふる。

材料（2人分）

トマト…中2個
めんつゆ（3倍濃縮）
　…80〜100㎖
ごま油…小さじ2
水…500㎖
冷凍うどん…2玉
こしょう…少々

> トマトだけでもやみつきのおいしさ。さつま揚げや揚げ玉でボリュームアップも。おろしにんにくやおろししょうがを入れてもおいしい

POINT 1
水っぽくならないよう、
そうめんの水切りはしっかり

おつまみにもなる **大人麺**

POINT 2
炒める分と生で散らす分で
食感と香りを変える

みょうがと豚こまの 炒めそうめん

鍋と
フライ
パン

作り方

1 みょうがはナナメ薄切りにする。そうめんは表示時間通りゆでてザルに上げ、水で締め、しっかり水を切る。

2 フライパンにごま油をひいて、豚肉を炒める。ここにみょうがの⅔量を入れて炒め、しんなりしたら酒と塩を加える。ゆでたそうめんを入れ、あたたまるまで炒める。しょうゆで味を調節する。器に盛り、黒こしょうをたっぷりふり、残りのみょうがを散らす。

材料(2人分)

みょうが…3個
豚こま切れ肉…80g
そうめん…2束
ごま油…大さじ1
酒…大さじ1
塩…ふたつまみ
黒こしょう…適量
しょうゆ…少々

> いつもは薬味として使うみょうがを具として使います。途中で「追いみょうが」しつつ香りを足しても

たっぷりなすの
ミートソースパスタ

鍋と
フライ
パン

作り方

1 なすはコロコロに切る。にんにくはつぶす。

2 フライパンにオリーブオイルとにんにくを入れて弱火で香りが出るまであたためる。なすを加えて中火にして、2～3分炒める。

3 ミートソースのレトルトか缶詰を加えて煮込む。ゆでたスパゲティにかける。

> なすではなく、オクラやピーマン、トマト、さいの目に切ってレンジにかけたじゃがいもなど、ありあわせの野菜で

材料（2人分）

なす…3本
にんにく…1片
市販のミートソース
　…2～3人分
　（レシピは260ｇ入りを使用）
オリーブオイル…大さじ2
スパゲティ…180ｇ

市販のソースを
おうちの味に変えちゃおう

POINT 1
なすは皮をむくと
食感がとろりとして
さらによくなる

POINT 2
野菜を入れたら
必ず味をたしかめて！

POINT
きゅうりの水気を
しっかり絞るのが
ベチャッと
ならないポイント

シンプルなほうがいいんです

きゅうりたっぷりサンド

切る
だけ

[作り方]

1 きゅうりは洗ってなるべく薄く切り（スライサーを使うとよい）、塩をふっておく。10分ほどおいてからキッチンペーパーなどでぎゅっと絞る。

2 パンにバター、マヨネーズを塗る。

3 2組のパンに、**1**を半分ずつのせてはさむ。ラップで包んでしばらくおき、なじませてから食べやすい大きさに切る。

[材料（2人分）]

きゅうり…3本
塩…ふたつまみ
バター…少々
マヨネーズ…大さじ1〜2
食パン（8枚切りまたは10枚切り）
　…4枚

❝
マヨネーズを使わない塩の
みバージョンもおいしい。私
は気分で作り分けています
❞

何かと使える
万能ペースト

かぼちゃトースト

鍋
だけ

作り方

1 かぼちゃは種とわたをとり、4つに切り分けてから皮をむき、薄切りにする（ラップをかけて600Wのレンジで2分ほど加熱すると切りやすい）。

2 鍋に**1**と水200mlを入れて中火で加熱する。かぼちゃがやわらかくなったらふたを開け、水分を飛ばすように加熱し、ヘラでつぶす（つぶれ残りがあってもOK）。

3 冷めたらマヨネーズとレーズンを混ぜ、トーストしてバターを塗ったパンにのせる。

材料（2人分）

かぼちゃ
　…¼個（400g）
マヨネーズ
　…大さじ1½
レーズン…大さじ1
食パン…2枚
バター…適量

❝
クリームチーズを
一緒にはさんだり、
はちみつをパンに
塗って少し甘くす
るとおやつサンド
になります
❞

ワインを合わせたくなる

トロトロなすの
おつまみトースト

レンジ＋
鍋

作り方

1 なすはフォークで穴を開けて1本ずつラップに包み、600Wのレンジに7〜8分かける。やわらかくなったら手でさわれるぐらいまで冷ます。

2 なすに切り込みを入れて開き、スプーンで中身をかき出す。

3 鍋にオリーブオイルとにんにくを入れて弱火にかけ、にんにくの香りが立ったら、**2**を加えて油が全体に馴染むまで2〜3分炒める。塩を加えてよく混ぜる。トーストしたパンにのせ、一味唐辛子をふる。

材料（つくりやすい量）

なす…4本
にんにく（みじん切り）
　…1片
オリーブオイル
　…大さじ1
塩…小さじ½弱
一味唐辛子
　…少々
パン（バゲットなど
　薄切りにできるもの）
　…適量

❝
生ハム、しらすや、
トマトのみじん切
りなどをのせても
❞

外葉のレタスチャーハン

フライパンだけ

材料（2人分）

レタス（外側の葉）…2枚　　塩、こしょう…適量
ベーコン…30〜40g　　サラダ油…大さじ2
卵…3個　　ごはん*…適量

＊冷凍の場合は解凍してあたためておく

作り方

1　レタスは手でちぎる。ベーコンは細かく刻む。卵は割ってよく溶いておく。

2　中華鍋か深型のフライパンに油大さじ1を熱し、熱くなったら卵を一気に流し入れる。大きく混ぜて、やわらかめの半熟のうちに別の容器にとり出す（まだ生の部分があるぐらいでOK）。

3　油大さじ1をひき、再度熱してベーコンを炒める。ごはんを加えて混ぜながら炒め、塩、こしょうで味をつける。卵を戻し、レタスを加えて、全体を混ぜてできあがり。

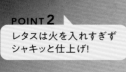

POINT 2
レタスは火を入れすぎずシャキッと仕上げ！

POINT 1
卵は先に炒めてふんわり仕上げ！

かたい外葉をおいしく食べる

もう冷蔵庫で余らせません

のシンプルカレー

鍋
だけ

大根は透明感が
出るまで炒める

カレー粉と塩を加えたものが
スープベースに。
この状態で冷凍もOK

作り方

1　大根は皮をむいて、1cm幅のいちょう切りにする。鶏肉は3cmぐらいの大きさに切る。長ねぎは斜め薄切り、しょうがは千切りにする。

2　鍋にオリーブオイルをひいて、大根を中火で炒める。長ねぎ、しょうがも加えてくったりするまで炒める。鶏肉を加えて炒め、カレー粉と塩を加える。

3　水350mlを加え、大根がやわらかくなるまで煮込む。ごはんにかけ、好みで柴漬けなどを添える。

材料（2人分）

大根…6cm（300g）
鶏もも肉…200g
長ねぎ…½本
しょうが…1片
オリーブオイル…大さじ1
カレー粉…小さじ1
塩…小さじ½

> あれこれ入れずに品数を絞るのがポイント。白菜×鶏のカレーもおいしいです

使い切りたい大根と鶏

薬味野菜を冷蔵庫から**レスキュー!**

葉っぱつきの
野菜は見のがさないで

あとひき菜飯

材料（つくりやすい量）

大根やかぶの葉*…適量
塩…適量
白ごま…少々
＊枯れた部分はとって

作り方

大根、かぶなどの葉は、たっぷりの湯でゆで、水で冷やしてからキュッと絞る。これを細かく刻んで、塩と白ごまを混ぜる。

> 最近は葉つき大根やかぶが少なくなりましたが、ついていたらラッキー。ゆですぎには注意

薬味とじゃこの ピリパリ和え

材料（つくりやすい量）

青ねぎ*（みじん切り）
　…大さじ3
ごま油…小さじ1
塩…ひとつまみ
ちりめんじゃこ
　…大さじ1

しょうゆ
　…小さじ2
七味唐辛子
　…小さじ¼
＊みょうが、青じそ、
三つ葉などでも

作り方

1 ちりめんじゃこをフライパンでから炒りする（鉄製のものがなければ鍋で）。カラカラになったら、しょうゆを加えて混ぜ、七味をふり、粗熱をとっておく。

2 青ねぎにごま油と塩を加える。

3 じゃこの粗熱がとれたら2に加えて混ぜる。

> 薬味用にと買って余らせがちな香味野菜はこうやって使い切って。ごはんや焼きそば、冷ややっこや湯豆腐にもぴったりです

熟しすぎたぐらいがいい

ピーマンでごはんが
どんどん進む

海苔と
ピーマンの佃煮

材料 (つくりやすい量)

ピーマン…2〜3個　　みりん…大さじ1
焼きのり…全形3枚　　しょうゆ…大さじ1
ごま油…小さじ1　　　水…大さじ4

作り方

1 ピーマンはタテ4つに切って種をとり、ヨコ方向に細かく刻む。のりはちぎっておく。

2 鍋にごま油をひいてピーマンを1〜2分中火で炒める。調味料と水を加え、さらにのりも加えて混ぜる。

3 水気が飛んだらできあがり。ごまをふったり、わさびを混ぜてもおいしい。

> 手巻きずしなどやったあとで残ったのりを使って作っています。万願寺唐辛子やししとうでも

トマト味噌

材料 (つくりやすい量)

ミニトマト…10〜15個 (250g)
にんにく…小1片
サラダ油…少々
砂糖…小さじ1
味噌…大さじ1½

作り方

1 ミニトマトはヘタをとり、半割りか4つ割りにする。にんにくはみじん切り。

2 鍋に油とにんにくを入れて弱火にかけ、香りが立ったらトマトを加える。トマトが煮崩れるまで炒める。

3 砂糖と味噌を加えて焦げつかないよう混ぜながら加熱し、とろっとするまで水分が飛んだらできあがり。

> ごはんにのせるほか、スティック野菜につけて食べても

第 **5** 章

明日の
「あと一品」
になる
キープおかず

作りおき、というほどじゃないのです。
今日食べる分からちょっとだけお取りおき。
明日のお弁当にも、あと一品にもなるキープおかずで、
安心感が違います。

POINT

千切りはスライサーでも。
しりしり器だと、表面がザラッとして
油や調味料がしみこみやすいです

つけあわせにもお弁当にも万能！

にんじんしりしり

フライ
パン
だけ

作り方

1 にんじんは千切りにする（皮はむいてもむかなくてもOK）。

2 フライパンに油を入れて熱し、にんじんをすべて入れ、甘い香りが出るまで中火で炒め、塩をふる。

3 保存は冷蔵庫で3日。ラップで包むかポリ袋に入れ、冷凍保存も可。

材料（つくりやすい量）

にんじん…2本
サラダ油…大さじ2
塩…ひとつまみ

冷蔵庫なら3日、
冷凍もOK！

94

生とは違った味わいのサラダに

キャロット
ラペ

酢、オリーブオイル、塩、刻んだクルミをしりしりに混ぜる。

沖縄しりしり風
卵炒め

溶いた卵をフライパンでサッと炒め、しりしりを加えて炒め合わせ、塩少々で味つけ。

卵を使って手軽に一品!

スープにもなっちゃうんです

しりしりスープ

しりしりに水と牛乳、塩少々、顆粒コンソメ少々を加えてあたためる。好みでパセリをふる。

ARRANGE

オイルまでおいしいからたっぷりかけて

ツナとたまねぎの
おしょうゆコンフィ

小鍋
だけ

[作り方]

1 たまねぎは2〜3cm角に切る。

2 スキレットまたは小さな鍋にたまねぎとオイルごとツナを入れ油をひたひたに注ぎ（※直径16cmのスキレットなら約200㎖）、砂糖としょうゆも加える。中弱火で煮てたまねぎがやわらかくなったらできあがり。

材料（つくりやすい量）

たまねぎ…1個
ツナ缶（小）*…1缶
サラダ油…適量
砂糖…小さじ1
しょうゆ…大さじ1
*オイル漬け

冷蔵庫なら4日、
冷凍もOK！

コンフィやっこ

豆腐にたまねぎコンフィをかける。

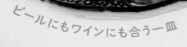

ビールにもワインにも合う一皿

コンフィの
ぶっかけそうめん

ゆでたそうめんにめんつゆ少量を
かけて下味をつけ、たまねぎコン
フィをかける。

ボリュームがほしいものに気軽にかけて

アスパラの
オードブル

塩ゆでしたアスパラに、
たまねぎコンフィをかける。

たまねぎの甘みが引き立て役に

ARRANGE

POINT
かぼちゃは色が
気にならなければ、
皮をむかずに使っても

子どもも大人も、
ほっとする味

かぼちゃキーマ

フライ
パン
だけ

作り方

1 かぼちゃは種とわたをとり（ラップをして600W
のレンジに2分ほどかけておくと切りやすい）、
皮をむいて薄く切る。

2 深めのフライパンにバターを入れて中火にかけ
る。鶏ひき肉を炒め、薄切りにしたかぼちゃと
水200㎖を加えてふたをして10分ほど蒸し煮
する。かぼちゃがやわらかくなったらふたをと
って塩を加え、ヘラなどでかぼちゃをつぶす。

材料（3〜4人分）

かぼちゃ…¼個（400ｇ）

鶏ひき肉（もも、むねはお好みで）
　…200ｇ

バター…20ｇ

塩…小さじ⅔

冷凍が向いています！
小分けがおすすめ

98

キーマカレー

かぼちゃキーマ全量に
カレー粉小さじ1を加え、
水か牛乳200mlを加えて
煮る（ココナツミルクなど
でもおいしい）。ごはんに
かけ、ゆで卵やブロッコ
リーを添える。

やさしい味のカレーです

かぼちゃの
チーズ焼き

かぼちゃキーマを耐熱容器に
入れ、溶けるチーズをのせて
オーブントースターで焼き目
がつくまで7〜8分焼く。

あと一品がトースターでできちゃう

かぼちゃ
きんちゃく

かぼちゃキーマを大さじ2ほ
どラップにのせて丸く包み、
口をギュッと絞って茶巾型に
する。黒ごまをふっても。

お弁当に入っていたらうれしい

ARRANGE

いつもの野菜が**ミント**でさわやかに！

POINT
トマトは薄〜く切ることで、果汁が出てなすに味がしみこみやすくなる

なすとトマトの ミントマリネ

保存容器で

作り方

1 なすとトマトはなるべく薄い輪切りに。なすは塩水（水600ml に小さじ1の塩）に3分浸け、ザルに上げてギュッと絞る。

2 なすとトマトを交互に並べ、ドレッシングの材料を混ぜて上からかける。2時間ほど冷やし、食べるときにミントを散らす。

材料（つくりやすい量）

なす…3本
トマト…2個
スペアミントの葉…20枚ほど
ドレッシング
　塩…小さじ1
　砂糖…小さじ1
　酢…大さじ1
　オリーブオイル…大さじ3

冷蔵庫で2日で食べ切りましょう

100

冷やし
しゃぶしゃぶ

豚肉の薄切りをさっとゆ
でたものにマリネをたっ
ぷりのせて！

肉を入れればメインのおかずにも

冷たいパスタ

細めのスパゲティをゆでて水で締め、
しっかり水を切る。マリネを漬け汁
ごと混ぜる。塩、こしょうで味をとと
のえ、オリーブオイルをかける。

パスタソース代わりにも使えます

エスニック風サラダ

鶏ひき肉を油で炒め、ナンプラーと少
量の砂糖で味をつける。粗熱がとれた
らマリネと混ぜて、輪切り唐辛子も好
みで混ぜる。生野菜と盛り合わせても！

ナンプラーで雰囲気をがらりと変えて

ARRANGE

POINT
味噌を分けて入れることで
味がなじみます

ほくほく甘い、沁みる味

里芋とにんじんの豚汁

鍋
だけ

作り方

1 にんじんは皮をむいて、5mm幅の輪切りにする（太いものは半月切り）。里芋は皮をむいて2〜3等分に食べやすく切る。鍋に里芋と水を入れて沸騰させ、5分ほどゆがいてザルに上げぬめりを洗っておく。豚肉は4cm幅に切る。

2 にんじんと下ゆで里芋、豚肉を鍋に入れ、水600mlを加えて中火にかける。煮立ったらアクをすくい、味噌大さじ1を加えて弱火にする。ふたをずらしてかけ、15〜20分煮る。

3 里芋とにんじんがやわらかくなったら残りの味噌を溶き入れる。好みで柚子皮を添える。

材料（2人分）

にんじん…小1本（150g）
里芋*…5〜6個（正味300g）
豚バラ薄切り肉…100g
味噌…大さじ2½

＊冷凍品でも可

保存容器で
冷凍保存もOK！

揚げ玉と
どっさり青ねぎ

揚げ玉大さじ1と青ねぎの
みじん切り大さじ1を入れる。

揚げ玉のコクで満足感アップ

落とし卵と
青のり

ポーチドエッグ1個と
青のり少々を入れる。

ひとふりの青のりがいい仕事します

キムチと
冷凍ほうれんそう

冷凍ほうれんそう20g（レンジで
解凍）とキムチ10gを入れる。

キムチと豚汁の新コンビでごはんも進む！

ARRANGE

塩きんぴら
（ベーコン×ごぼう）

フライパンだけ

作り方

ごぼうをささがきにする。ベーコンは1cm幅に切る。フライパンに油をひいてベーコンを炒める。ごぼうを加えて中火で炒める。砂糖を加えてしばらく炒め、そのあと酒と塩を加えてさらに炒める。ごぼうに火が通ったらできあがり。

ごぼう、ベーコン、塩での味つけ。私のごぼう愛から生まれたきんぴらです！

材料（2人分）

ごぼう…⅔本
ベーコン…2枚
サラダ油…小さじ2
砂糖…小さじ2
酒…小さじ2
塩…ふたつまみ

POINT
先に砂糖を加えてしっかり甘みを含ませてから塩を入れて

甘じょっぱさが魅力、新しいきんぴら

104

たまぽてさらだ

鍋だけ

作り方

1 たっぷりの湯を鍋に沸かし、冷たい卵をそっと入れて7分半ゆでる。水にすぐとり冷まして殻をむく。たまねぎは薄切りにして水にさらしてから絞る。

2 マッシュポテトの素に表示量の湯を混ぜマッシュポテトを作り、マヨネーズの半量と酢を混ぜる。

3 2にゆで卵を手で大きく割って入れ、たまねぎと残りのマヨネーズも加えてさっくり和える。こしょうをふる。

> 混ぜすぎずに卵の形を残すのがコツ。薄切りのきゅうりやハムなど、好みの具材を加えても

材料（3〜4人分）

マッシュポテトの素*
　…60g（加水240g）
卵…4個
たまねぎ…¼個
マヨネーズ…大さじ5〜6
酢…小さじ1
こしょう…少々

**＊じゃがいもで作るときは
3〜4個（正味300g）**
じゃがいもは、皮をむいて4つ割りにして鍋に入れ、水をひたひたに加えて塩も入れ、やわらかくゆでる。一度ザルに上げ、再び鍋で水を飛ばしながら、ヘラなどでしっかりつぶす。熱いうちに酢を混ぜる。

マッシュポテトの素で簡単に！

たまねぎの
はちみつレンジびたし

レンジ
だけ

作り方

1 たまねぎは皮をむき半割りにする。ポリ袋（レンジ調理可能なタイプ）に入れ、水大さじ1を入れて5〜7分、やわらかくなるまで600Wのレンジで加熱する。

2 だしとしょうゆ、唐辛子を合わせておく。たまねぎがやわらかくなったら、ポリ袋の口を開け、たまねぎ半分につきはちみつ小さじ1をかける。合わせただしをポリ袋に加えて空気をなるべく抜き、冷ましてから冷蔵庫にしまって2時間以上味を含ませる。

材料（2人分）

たまねぎ…1個
だし…200ml
しょうゆ…大さじ1
はちみつ…小さじ2
輪切り唐辛子…少々

> 普通のたまねぎでもいいですが、新たまねぎのシーズンにぜひ作ってみて！

白菜の甘酢漬け

レンジ＋
フライ
パン

作り方

1 白菜は葉をざく切り、芯の部分は6cm長さの千切りにする。大きめのボウルに入れ、塩をふって混ぜ、全体にいきわたらせる。皿をのせ、水を入れた鍋かボウルをのせて、30分置いて水を追い出す。白菜の水気をぎゅっと絞って保存容器に移す。

2 甘酢の材料を合わせて600Wのレンジに1分かけ、混ぜておく。白菜に千切りのしょうがと唐辛子を散らして熱い甘酢をかけ、全体を混ぜ合わせる。

3 ごま油を小さな鍋かフライパンで熱し、平らにならした**2**の上にジュッとかけて和える。そのまま冷まし、冷蔵庫で保存。

材料（3〜4人分）

白菜…¼個弱（350g）
塩…小さじ1
しょうが…1片
輪切り唐辛子…1本分
ごま油…大さじ2
甘酢
　塩…小さじ½
　砂糖…大さじ2
　酢…大さじ2

> たっぷり作ってもいつの間にかなくなっちゃう箸休めです

ポリ袋 ひとつでつやつや仕上げ

POINT
ポリ袋で作って冷蔵庫に
入れておくと、
あと一品のお助けに

食べるほどにあとを引く**無限白菜**

POINT
白菜は水分が多いので
下漬けはしっかり。
ここで水気を出しておきます

POINT

しょうゆより塩気が強い
ナンプラーは、味見しながら
少量ずつ入れるのがコツ

冷蔵庫の**ナンプラー**を使い切ろう！

ナンプラーなめたけ

鍋
だけ

作り方

1 えのきはいしづきを切り落とし、3等分に
切って、下の部分をほぐす。なめこはサッ
と水洗いする。

2 鍋にえのきとなめこ、しょうが、酒を入れ
てふたをして中火で煮る。きのこから水分
が出て煮えたら、ナンプラーを加える。好
みでパクチーを添える。

> 家庭で残りがちのナンプラー。チャーハン、
> 焼きそば、きんぴらなど、ふだんの料理の味
> つけにも使ってみてください

材料（2〜3人分）

なめこ、えのき
　…各1パック
酒…大さじ2
ナンプラー…大さじ1弱*
おろししょうが…少々
*ナンプラーの塩分による

カレーセロリ

フライパンだけ

作り方

1　セロリの茎は細い茎も含め、1〜2cm幅の斜め切りにする。葉は20枚ほどをざく切り。しょうがは千切りにする。

2　フライパンにオリーブオイルを熱し、セロリの茎を入れて中火で炒め、葉としょうがも加えてさらに炒め、塩、だしの素、カレー粉で味をつける。

> カレー粉はお好みで増やしても。クミンや山椒にしてもおいしい！

材料（2人分）

セロリ…1本
しょうが…1片
塩…ふたつまみ
カレー粉…小さじ1/3
オリーブオイル…小さじ1
和風顆粒だしの素…少々

POINT
太い部分は薄く、細い部分は少し厚めに切ると食べやすい

葉も茎もよく炒めて。捨てずに香り高く変身！

味しみしみの切り干し大根が楽しい

POINT
コチュジャンは焦げやすいので、
加えてからは火加減に注意

定番ごま和えがスパイシーに！

110

ダブル大根の
コチュジャン炒め

作り方

1 大根は7〜8mm幅の拍子木に切る。切り干し大根は5分ほど水に戻して絞る（戻し汁も捨てない）。

2 フライパンにごま油をひいて中火で大根をよく炒める。コチュジャンとしょうゆを加えて全体になじむまで炒めたら、切り干し大根と戻し汁を大さじ3ぐらい加えて、さらに炒め合わせる。好みで刻みのりをふっても。

> 切り干し大根の戻し汁がいいだしになってくれます

材料（2〜3人分）

大根…6cm（300g）
切り干し大根…20g
ごま油…少々
コチュジャン
　…小さじ2
しょうゆ…小さじ2

いんげんの
ハリッサごま和え

作り方

1 いんげんは4〜5cmに切ってゆで、ザルに上げる。

2 ボウルに砂糖、しょうゆ、すりごま、ハリッサを入れて混ぜ、1を加えて和える。ハリッサは少量で効くので少しずつ加えるとよい。

> ごま和えができる具材ならほとんどの野菜でアレンジが可能。ほうれんそうやブロッコリー、94ページのにんじんしりしりなどでやってみて

材料（つくりやすい量）

いんげん…10本ぐらい
砂糖…小さじ½
しょうゆ…小さじ1
黒すりごま…小さじ2
ハリッサ…小さじ¼弱

たまねぎ アチャール

ボウル
だけ

作り方

1 たまねぎはタテ半分に割ってから、ヨコに薄切りにする。塩を薄くふって10分ほどおいてから、水にさらしてギュッと絞る。

2 レモン汁とチリパウダーで和える。

> チリパウダーにブレンドされているチリペッパーやクミンの効果でインドの漬物・アチャール風の一品を。チリパウダーに塩も含まれているので塩の分量はひかえめに

材料（2〜3人分）

たまねぎ…1個
塩…少々
レモン汁…小さじ2
チリパウダー
　…小さじ¼

POINT
たまねぎの水分を
絞っておくと味がランクアップ

万能スパイスを使った簡単マリネ

にら塩

小鍋
だけ

作り方

1 日本酒を小鍋に入れて塩と鶏ガラスープの素を加えて煮立てたら火を止め、そのまま冷ます。

2 にらは細かく切ってボウルに入れ、ごまとごま油を加えて和える。

3 **2**に**1**をかけて、混ぜ合わせる。保存容器に移して冷蔵庫に入れる（保存期間は作った日を入れて2日）。

> しょうがやにんにくのすりおろしを入れるとさらにパンチが出ます

材料（つくりやすい量）

にら…1束
ごま油…小さじ1
白ごま…小さじ1
日本酒…100㎖
鶏ガラスープの素…小さじ1
塩…小さじ1

（ 食べ方 ）

カップににら塩を入れ（汁も入れる）、お湯をかけてスープに。焼いた魚や肉、湯豆腐、ゆでた野菜にかけても

ごはんも進むし、
お酒も進む

POINT
日本酒は煮切って
アルコール分を飛ばしてから

野菜の顔

サッと炒める、焼く、ゆでる、蒸す、スープや味噌汁にする。家の料理はそれで十分です。この本にもシンプルな野菜料理をたくさん紹介しました。

でも、簡単な料理ほど素材のおいしさが味の決め手になるんですよね。先に献立を決めてしまうと、たとえばグリーンサラダをたっぷり作ってもりもり食べよう！と意気込んで出かけたのに、しょぼんとしたレタスしかなくてがっかりするようなこともあります。だから私は献立を決めずにスーパーに出かけて、その日一番「いい顔をしている野菜」を買うようにしています。

野菜を選ぶポイントはもちろんそれぞれにありますが、野菜の知識はあまりなくても、人と会うときに、この人は目が生き生きしているとか、肌にハリがあるなとか、それと同じような感覚で野菜の顔を観察すると野菜選びがうまくいきます。見た目でいえば、みずみずしい、葉は青々している、色鮮やか、皮がつやつや、とげはピンとして、切り口がスパッときれい。根菜などは手にとってずっしり重たいものが見た目もいい。レタスだけは巻きがゆるく、ふんわり軽やかなものがやわらかくて見た目も美しく、おいしいです。

高いからいい、安いからダメということでもないのが面白いところで、その代表が旬の野菜。選ぶのに自信がない人は旬を意識するといい顔のおいしい野菜に出会う確率がアップします。

味はもちろん、夏は体に水分を補給して体を冷やしてくれるなすやきゅうりなどの実野菜が、秋冬になると次はあたたかい煮込みに向いた大根、ごぼう、里芋などの根菜が旬を迎えるのは、理にもかなっています。

新鮮で元気な野菜は陳列棚からはちきれそうなエネルギーでこちらに語りかけてきます。忙しい日々での買い物でも、いえ、忙しい中での買い物だからこそ、いい顔つきをした野菜をひとつでもつかまえられたら、大成功。おいしい出会いを見逃さないでください。

½個のキャベツ

高校生の頃、料理漫画でキャベツの千切りの話を読んで、しばらくキャベツの千切りばかりやっていました。芯がついた塊のまま刻むのと、葉をはがしてふんわり丸めて刻むのとでは食感が変わるというのが面白かったのです。

今思うとおかしな高校生ですが、これは自炊をするようになって大きな武器となり、いまでもキャベツを買ってくると¼個、ときには½個を大量の千切りにしてたっぷり食べています。残りは大きめの保存容器に入れておくと、とんぺい焼き、スープ、ホットサンドなどに便利に使えて、きれいになくな

ります。

キャベツの葉を適当な大きさに切ったりちぎったりしたものも重宝します。ホイコーローや野菜炒めはわが家の定番。味噌汁や軽くゆでて油揚げやおろししょうがと一緒にポン酢和えやごま和えにするような小さなおかずまで含めたら、使いみちはいくらでも見つかります。キャベツの葉をはがして切るだけのことですが、それがおっくうになる日は誰にだってありますよね。自家製カット野菜を作って冷蔵庫にしまっておけば自然に手がのびます。

キャベツのように大きくなくとも、

袋で買って余らせてしまいがちな野菜も多いです。とくに仕事をしている人は、急な残業や会食で使うつもりで買

116

っておいた食材を使い損ねるというこ
とは起こりがちではないでしょうか。

そういうときは、この本の出番です。

まる焼きピーマンのしょうゆマリネ、
にらしそ炒めなど買った野菜を一袋使
い切れるレシピもあれば、なすのお焼
きや長ねぎのじゃばら焼き、コロコロ
ごぼうなど、余った量だけで作れる料
理も揃えました。野菜の使い切りにき
っと役立ててもらえます。

こういうことを言うと怒られるかも
しれませんが、どうしても使い切れな
い場合もあるものです。使い切らなく
ては、ということに神経を使いすぎて
も疲れてしまいます。食材は大切にし
つつ、おおらかな気持ちで料理をした
いなと思います。

縁の下の長持ち野菜

あー、やってしまった……。冷蔵庫を開けて、野菜室の底の方から、ダメになったもやしの袋を発見したときの悲しさ、体験したことのある人も多いのではないでしょうか。もやしだけではなく、きゅうりやにら、アスパラやとうもろこしなど、鮮度の落ちやすい野菜が冷蔵庫に入っていると、気が気ではありません。

反対に、ストックしておいて少しずつ使いながら補充するのが、たまねぎやピーマン、かぼちゃ、ごぼう、じゃ

がいも、さつまいも、長芋など、長持ちする野菜です。根がついて売られている豆苗や丸ごとの白菜のように、保存方法によっては長めに保存できる葉物もありますが、基本は根菜が多いです。

買い物に出かけられなかったある日のわが家の献立は、薄くパリパリに焼き上げたじゃがいものガレット、冷凍してあった豚肉こま切れとたまねぎのしょうが焼き。しょうが焼きには冷蔵庫の野菜室に2個残っていたピーマン

を細切りにして混ぜ込んだらいろどり
もよくなりました。これも辛うじて残
っていた大根をおろして、ちりめんじ
ゃこを混ぜて。茶色っぽい地味なメニ
ューながら、ごはんと味噌汁と一緒に

出せば立派な一汁三菜です。

　わが家のストック野菜の定番は、た
まねぎとじゃがいも、薬味に使うにん
にく、しょうがでしょうか。それに加
えて私が好きなのは、長芋とごぼう。

　長芋は新聞紙にくるんだり、ポリ袋で
冷蔵庫に入れておくと、2週間以上で
も平気で持ちます。そのまますりおろ
したり千切りにして食べてもいいので
すが、大ぶりに切ってフライパンでじ
っくり焼いたり、あるいは鶏肉と一緒
に煮込んでスープにすると、ほくほく
した食感が味わえて新鮮です。ごぼう
も長持ちするので、きんぴらに、味噌
汁に、コロコロごぼうにと、ちょっと
したサブのおかずに活躍させています。
洗ってしまうと持ちが悪いので、泥付
きがおすすめです。

　ボリューム感も出やすく、日々の料
理を陰で支えてくれる長持ち野菜。家
にあるもので作れるレパートリーを持
っておくと、献立作りが楽にのりきれ
ます。

119

野菜で作る、ひとさらごはん

この本に入れたレシピの多くは、私が普段家で作っているような野菜料理です。もちろんどう召し上がっていただいても自由ですが、ちょっとした食べ方の提案もしてみたいと思います。

それが、「ひとさらごはん」です。

文字通りごはんもおかずもワンプレートで食べるというもの。こんな風に構成すると、見た目もきれいにバランスよく作れます。

❶ **主食**…ごはん。麺やトーストでも。

❷ **メインのおかず**…肉や魚介類を、だいたいサッと炒めたり焼いたり、蒸したりしたものでOK。ちょっと塩をふったり、しょうゆと酒などで味つけする。

買ってきたカツやコロッケ、シュウマイなどでも大丈夫。

❸ **サブの野菜おかず**…野菜の副菜的なおかずを2品か3品。そこにレタスやきゅうり、トマトなどの生野菜や漬けものを加えてもいいのです。

一緒に盛り合わせると、ひとさらで見栄えもよく満足度も高くなります。

私たちは普段それぞれの味が混ざらないよう、料理によって器も分けます。でもこのひとさらごはんの場合は逆に、味が混ざり合うところが魅力なのです。

それぞれはシンプルな味つけでも、ごはんに焼き肉のたれがしみたり、肉とトマトのマリネが混ざり合っていい感じになったり。そのおいしさは、お弁当でおかずの味がしみたごはんのおいしさに近いものがあります。味が足りないときは市販のたれやドレッシング、マヨネーズなどを足します。お皿一枚で洗い物が少ないというところもありがたく、これからの家庭でとり入れたい食事のスタイルではないかと思っています。

作りおきの料理が残ってしまうと小皿にのせても貧弱ですが、盛り合わせ

れば見た目もリフレッシュ、味も他のおかずと混ざり合って新鮮さを感じつつおいしく食べられます。こんな食べ方、いかがでしょうか。ぜひやってみてください。

焼き魚に冷蔵庫にあった作りおきおかずを盛り合わせて

焼いただけのお肉も生野菜やキャロットラペで彩りよく

（野菜別索引）

● 春の野菜

● 夏の野菜

● 秋の野菜

（ 調理別索引 ）

（ 野菜消費レシピ索引 ）

STAFF

ブックデザイン
野澤享子、屋根下千晶
(Permanent Yellow Orange)

撮影
志水 隆

スタイリング
本郷由紀子

DTP制作
エヴリ・シンク

有賀 薫 ありが・かおる

スープ作家・料理家。家族の朝食にスープを作り始めたのをきっかけに、10年間毎朝作り続けたスープレシピをSNSで発信。シンプルなのに味わい深いスープレシピが人気を集め、雑誌やテレビ、ラジオなどで活躍。つくる人と食べる人がともに幸せになる食卓を提案している。著書に料理レシピ本大賞で入賞した『帰り遅いけどこんなスープなら作れそう』(文響社)、『朝10分でできるスープ弁当』(マガジンハウス)のほか、『ライフ・スープ〜くらしが整う、わたしたちの新定番48品』(プレジデント社)など多数。

有賀 薫のベジ食べる!

2023年3月10日　第1刷発行

著　者　　有賀 薫
発行者　　鳥山 靖
発行所　　株式会社　文藝春秋
　　　　　〒102-8008　東京都千代田区紀尾井町3-23
　　　　　☎03-3265-1211
印刷・製本　図書印刷